AF094110

 www.ingramcontent.com/pod-product-compliance
Lightning Source LLC
LaVergne TN
LVHW010342070526
838199LV00065B/5772

نظارۀ حرم

صادق آندوری

© Taemeer Publications LLC

Nazaara-e-Haram *(Poetry Collection)*

by: Sadiq Indori

Edition: January '2025

Publisher :

Taemeer Publications LLC (Michigan, USA / Hyderabad, India)

ISBN 978-93-6908-389-3

9 789369 083893

مصنف یا ناشر کی پیشگی اجازت کے بغیر اس کتاب کا کوئی بھی حصہ کسی بھی شکل میں بشمول ویب سائٹ پر اَپ لوڈنگ کے لیے استعمال نہ کیا جائے۔ نیز اس کتاب پر کسی بھی قسم کے تنازع کو نمٹانے کا اختیار صرف حیدرآباد (تلنگانہ) کی عدلیہ کو ہو گا۔

© تعمیر پبلی کیشنز

کتاب	:	**نظارۂ حرم** (نعت، نوحہ و منقبت)
مصنف	:	**صادق اندوری**
صنف	:	شاعری
ناشر	:	تعمیر پبلی کیشنز (حیدرآباد، انڈیا)
سالِ اشاعت	:	۲۰۲۵ء
صفحات	:	۱۳۶
سرورق ڈیزائن	:	تعمیر ویب ڈیزائن

فہرست

احادیث مدینہ 2
نوحۂ فرات 67
رباعیات 68
نذر بزرگان 122

1

احادیث مدینہ

رسولؐ برحق

زمیں پہ تاج شہنشہی ہے
فلک پہ اورنگ سروری ہے
حرا میں وہ قابلِ وحی ہے
جہاں میں سالار امتی ہے
زبان و دل کی صدا یہی ہے
رسولؐ برحق مرا نبی ہے

وہ کوہ فاراں کی روشنی ہے
ہر اک طرف اس کی چاندنی ہے
دکھے دلوں کی وہ تازگی ہے
خدا کا محبوب واقعی ہے
پیمبر امن و آشتی ہے
رسولؐ برحق مرا بنی ہے

عظیم تر وہ عظیم ہے سے عظیم
بھٹکتے انساں کا راہبر وہ
ہر اک جگہ ذات معتبر وہ
وہ فاقہ کش، پھر بھی مفتخر، وہ
یتیم و بے کس کی زندگی ہے
رسولؐ برحق مرا نبی ہے

کہیں ورا، ماورا کہیں وہ
قدم قدم آشنا کہیں وہ
اک آئینہ با صفا کہیں وہ
کہیں شروع، انتہا کہیں وہ
اسی کے دم سے ہمہ ہمی ہے
رسولؐ برحق مرا نبیؐ ہے

جمال یوسف کا وہ افادہ
خلیل کے عزم کا وہ جادہ
کلیم کے قرب کا اعادہ
مسیح کی نفس کا ارادہ
ہر اک نبی کی صفت ملی ہے
رسولؐ برحق مرا نبیؐ ہے

کدورتوں کو مٹانے والا
وہ ظلمتوں کو ہٹانے والا
محبتوں کو لٹانے والا
ہر ایک کا دکھ اٹھانے والا
تمام مینار روشنی ہے
رسولؐ برحق مرا نبیؐ ہے

یتیم و بے کس کا آسرا وہ
غریب و مفلس کا حوصلہ وہ
خدائے اقدس کا لاڈلا وہ
تمام نبیوں کا سلسلہ وہ
ہر اک نظر اس کو دیکھتی ہے
رسولؐ برحق مرا نبیؐ ہے

حقوقِ ہستی دلانے والا
سوئے صداقت بلانے والا
بشر کو حق سے ملانے والا
خدا کا پیغام لانے والا
وہ جبرئیل اس کا ایلچی ہے
رسولؐ برحق مرا نبیؐ ہے

مٹایا جس نے جہالتوں کو
ہٹایا جس نے صعوبتوں کو
لٹایا جس نے نظامتوں کو
بڑھایا جس نے لطافتوں کو
وہ ایسا آئینہ جلی ہے
رسولؐ برحق مرا نبیؐ ہے

وہ جس نے کونین کو سنوارا
وہ جس نے ہستی کا رُخ نکھارا
وہ جس نے حق کے لئے ابھارا
جسے ہر آزار تھا گوارا
وہ خلق و ایثار کا غنی ہے
رسولؐ برحق مرا نبیؐ ہے

حقوقِ نسواں کا وہ محافظ
شعورِ انساں کا وہ محافظ
بساطِ امکاں کا وہ محافظ
کمالِ ایماں کا وہ محافظ
مثال اس کی کوئی نہیں ہے
رسولؐ برحق مرا نبیؐ ہے

غرور و نخوت کو جس نے توڑا
سوئے خدا روئے کفر موڑا
جو سو رہے تھے انہیں جھنجھوڑا
جو تھے شکستہ تو ان کو جوڑا
وہ مرہمِ زخمِ دوستی ہے
رسولؐ برحق مرا نبیؐ ہے

وہ آئینہ حلم اور حیا کا
وہ دائرہ جود اور عطا کا
وہ مقتدا سارے انبیا کا
وہ منتہا زہد و اتّقا کا
ہر ایک بات اس کی دیدنی ہے
رسولؐ برحق مرا نبیؐ ہے

وہ حق نگر، خود شناس ہے وہ
قیاس کیا، بے قیاس ہے وہ
تمام خلق و سپاس ہے وہ
تڑپتی جانوں کی آس ہے وہ
وہ نا امیدوں کی دلدہی ہے
رسولؐ برحق مرا نبیؐ ہے

صداقتیں اس کے گھر سے نکلیں
امانتیں اس کے گھر سے نکلیں
حفاظتیں اس کے گھر سے نکلیں
شجاعتیں اس کے گھر سے نکلیں
جری ہے، تلوار کا دھنی ہے
رسولؐ برحق مرا نبیؐ ہے

تونگر ایسا کہ زر لٹایا
بصد خلوصِ نظر لٹایا
مخیر ایسا کہ گھر لٹایا
نہ پاس کچھ تھا، مگر لٹایا
تمام مخلوق کہہ رہی ہے
رسولؐ برحق مرا نبیؐ ہے

خدائے برتر خدائے داور
میں تیرا صادقؔ ضعیف و کمتر
بصد طفیلِ شفیعِ محشر
گناہ جتنے ہیں درگزر کر
ترے حضور آج ملتجی ہے
رسولؐ برحق مرا نبی ہے
***

وہ ماہ عرب وہ ابر کرم لو جلوہ افگن ہوتا ہے
آتش کدۂ دیرینہ ابھی غیرت وہ گلشن ہوتا ہے

گیسوئے محمدؐ کی خوشبو پھیلاتی ہے جب تاثیر اپنی
ہر خار بیابانِ عالم رشکِ گلِ سوسن ہوتا ہے

انگشتِ مبارک پر صدقے ہوتا ہے اگر ماہِ انور
دندانِ بنی کی ضو سے خجلِ ہر اخترِ روشن ہوتا ہے

آتے ہیں تصور میں پیہم تنویر محمدؐ کے نقشے
ہر لمحہ دلِ بے نور مرا خورشید بدامن ہوتا ہے

اے شوق مجھے یثرب لے چل ہو تاکہ ہمیشہ دید خدا

کہتے ہیں مدینہ میں ہر دم اللہ کا درشن ہوتا ہے

ہے شام کا وقت اور دور ہوں میں اب تک بھی مدینے سے یا رب
یہ وقت وہ ہے جب ہر طائر نزدیک نشیمن ہوتا ہے

مرقد میں ملک دکھلاتے ہیں جب سرکار دو عالم کی صورت
انوار محمدؐ سے صادق روشن مرا مدفن ہوتا ہے
***

(سہ قافیتین)

معراج کی شب بالائے فلک انوارِ ہدایت آیا ہے
صف بستہ ہیں سب جن اور ملک گلزار حقیقت سجتا ہے

مانند تخیل شکل نظر صرف ایک ہی لمحے میں اڑ کر
افلاک کی رفعت پر یکسر رہوارِ نبوت پہنچا ہے

بخشش کی امیدیں کیا معنی اس وقت تک اے انسانِ دنی
جب تک نہ ہو دل میں حبِ نبی پندار شفاعت بیجا ہے

اے ننگ ہوس اے ننگِ طلب ہے یہ ہی مناسب اور اغلب
کچھ نیکی کا سودا کر لے اب بازار شفاعت سستا ہے

تو سعیِ عمل بیکار نہ کر اے فکر کنندۂ دردِ جگر
جا راہ لگ اپنی چارہ گر، بیمارِ محبت اچھا ہے

مقبول خدا وہ بندہ ہے تقدیر کو اس کی کیا کہنے
کیا پوچھنا ہے اس کا جس نے دربارِ رسالت دیکھا ہے

بخشش کے لیے سلطان امم ہیں میری طرف مائل بہ کرم
صادق ہو مجھے کیا حشر کا غم اب بارِ ندامت ہلکا ہے

***

کہاں تو اور کہاں وہ روئے تاباں شاہ اطہر کا
عبث کرتا ہے اے خورشید کیوں دعویٰ برابر کا

مرے آقا! ملے اور اک چھلکتا جام کوثر کا
میں کب سے منتظر ہوں آپ کے لطف مکرر کا

شہ کونین کے جود و کرم نے کر دیا ثابت
سنا کرتے تھے ہم بھی جوش میں آنا سمندر کا

گئی وہ شب کی تاریکی وہ آئی صبح نور افزا
وہ ہر سو غلغلہ ہونے لگا اللہ اکبر کا

خیالِ آسماں میں نے بہت پرواز کی پھر بھی

نہیں آیا سمجھ میں رتبۂ والا پیمبر کا

مرے عصیاں رلاتے ہیں مجھے اے شافع محشر
قیامت میں بھرم رہ جائے میرے دامنِ تر کا

مجھے بھی عاصیوں کے ساتھ دامن میں چھپا لینا
مرے سرکار جب ہو سامنا خورشید محشر کا

ہر اک ذرہ سراپا گوش ہو جاتا ہے اے صادق
زباں پر ذکر جب آتا ہے اوصاف پیمبر کا
***

آئینۂ حق ہے رخِ تاباں محمدؐ
کیوں کہ نہ مری جان ہو قربانِ محمدؐ

سینچا ہے لہو دے کر ہر اک غنچہ و گل کو
اسلام ہے در اصل گلستانِ محمدؐ

ہے فرش سے تا عرش ضیا بارئ محبوب
کس درجہ ہے روشن رخِ تابانِ محمدؐ

گلشن ہو کہ صحرا ہو، لحد ہو کہ قیامت
چھوٹے نہ کہیں ہاتھ سے دامانِ محمدؐ

موسوم کروں نجم و مہ و مہر سے لیکن

عنوان نہیں کوئی بھی شایانِ محمدؐ

ہیں باعث تخلیق دو عالم شہ کونین
ہر چیز ہے منت کشِ احسانِ محمدؐ

کیوں بھیڑ سی ہے بادہ کشوں کی سرِ کوثر
کھلنے کو ہے کیا آج خمستانِ محمدؐ

ہر گام پہ تھی راہ نما رحمتِ کونین
جب عشق چلا جانبِ ایوانِ محمدؐ

قرآن بتاتا ہے ہمیں خیر کی راہیں
کیا چیز ہے یہ شمعِ فروزانِ محمدؐ

حضرتؐ کو سمجھنا ہو تو قرآن کو سمجھو

ہے ایک یہی جادۂ عرفانِ محمدؐ

گونجی تھی بصد شان جو بدر اور احد میں
اب تک ہے فضاؤں میں وہ الحانِ محمدؐ

صدیقؓ پہ ظاہر تھا ہر اک رازِ نبوت
اک وہ بھی تھے منجملۂ خاصانِ محمدؐ

ہرچند زمانہ پہ ہے تکفیر مسلط
اونچا ہے مگر رایتِ ایمانِ محمدؐ

محشر میں بھی منظور نظر بن کے رہیں گے
ہرگز نہ ہوں مایوس غلامانِ محمدؐ

جاری رہے صادقؔ یوں ہی مے خانۂ توحید

کم ہو نہ کبھی بارش فیضانِ محمدؐ
***

میرے دل کے چین، تسکین نظر یا مصطفیٰ
کیوں نہ چاہوں آپ کو آٹھوں پہر یا مصطفیٰ

آپ کے قدموں میں نکلے میری جانِ بتلا
ہے یہ میری آرزوئے مختصر یا مصطفیٰ

بے قراری کو کبھی تسکین مل سکتی نہیں
ہوں نہ جب تک آپ دل کے چارہ گر یا مصطفیٰ

ہے تفوّق آپ کو حاصل ہر اک انسان پر
در حقیقت آپ ہیں خیر البشر یا مصطفیٰ

اک نہ اک دن آتشِ غم پھونک ڈالے گی مجھے

کیجئے للہ رحمت کی نظر یا مصطفیٰ

زندگی کا ہر نفس ہے بے قرار و مضطرب
چین سے برگشتہ ہیں شام و سحر یا مصطفیٰ

آپ کے در تک ہو صادقؔ کی رسائی کس طرح
ہر دعا جب ہو رہی ہے بے اثر یا مصطفیٰ

***

حبیب کبریا محبوب داور سرورِ عالمؐ!
ادھر بھی اک نگاہِ بندہ پرور سرورِ عالمؐ!

معاصی کا اندھیرا چھائے جس دم کنج مرقد میں
دکھا دینا تم اپنا روئے انور سرورِ عالمؐ!

دکھانے کے لیے رستہ ہر اک گمراہِ ملت کو
بنایا تم کو سالار پیمبر سرورِ عالمؐ!

دکھا دو ہم خطا کاروں کو راہِ مستقیم آ کر
تمھیں ہو امت عاصی کے رہبر سرورِ عالمؐ!

تمھیں تسکین دل ہو، باعث آرامِ جاں تم ہو

نہ کیوں سو جان سے قرباں ہوں تم پر سرورِ عالمؐ!

خدا بھی اس کا ہے اور نعمتِ کونین بھی اس کی
تمہاری دید ہو جس کو میسر سرورِ عالمؐ!

ترا در چھوڑ کر جاتے کسی کے در پہ کیوں صادقؔ
ترا در پھر بھی آخر ہے ترا در سرورِ عالمؐ!
***

ادھر بھی اک نظر فردوس منظر سرورِ عالمؐ!
فزوں ہے آج کل نارِ ستم گر سرورِ عالمؐ!

شبِ فرقت کہوں کیا حالِ مضطر سرورِ عالمؐ!
ستاتا ہے مجھے ہر تارِ بستر سرورِ عالمؐ!

ترے مداح کی تیرے اصولوں کی حمایت میں
لبوں پر آ گئی ہے جان اکثر سرور عالمؐ!

فضا میں تیرتے پھرتے ہیں اب تک سرمدی نغمے
بیاں کیا ہوں تری ہستی کے جوہر سرورِ عالمؐ!

تمہاری ذات لائی گوہرِ مقصود عالم میں

تمھیں ہو بحر وحدت کے شناور سرورِ عالمؐ!

حجاب عبدیت میں ہے نہاں معبود کی صورت
کوئی دیکھے اگر پردہ اٹھا کر سرورِ عالمؐ!

ترے اعلانِ حق سے یا تری وحدت پرستی سے
ہوئی تکمیل ذوقِ ابنِ آذر سرور عالمؐ!

رہے مے خانۂ توحید سرگرم عمل ہر دم
رہے تا حشر قائم دورِ ساغر سرورِ عالمؐ!

مساواتِ حقیقی کا سبق دے کر زمانے کو
غریبوں کو کیا تم نے تونگر سرورِ عالمؐ!

شعورِ آدمی محدود، عقل آدمی ناقص

ترے رتبے کو سمجھے کوئی کیوں کر سرورِ عالمؐ!

الوہیت کے جلوے تم سے پھیلے ہیں زمانے میں
تمہیں ہو ذات یزدانی کے مظہر سرور عالمؐ!

تمہارے روئے روشن کی تجلی دیکھنے والے
نہ دیکھیں چاند سورج کو بھی مڑ کر سرورِ عالمؐ!

کہاں تک در بدر کی ٹھوکریں کھاتا پھروں آخر
مٹا دیجے مری قسمت کا چکر سرورِ عالمؐ!

عرب کی وادیوں کو نور ایماں بخشنے والے
جگادو اب ہمارا بھی مقدر سرورِ عالمؐ!

جدائی کا ہر اک لمحہ دل صادقؔ میں رہ رہ کر

کھٹکتا ہے مثالِ نوکِ نشتر سرورِ عالمؐ!

***

تمہارا رتبہ بالا و برتر یا رسولؐ اللہؐ
جھکے جاتے ہیں خود محراب و منبر یا رسولؐ اللہؐ

صداقت میں امانت میں، عنایت میں، تلطف میں
نہیں دنیا میں کوئی تم سے بڑھ کر یا رسولؐ اللہؐ

نہیں ممکن کوئی رہ جائے تشنہ لب سر محشر
تمہیں ہو جب قسیمِ جام کوثر یا رسولؐ اللہ

ترے روئے منور کی جھلک کے سامنے آخر
نہ کیوں کر جھلملائیں ماہ و اختر یا رسولؐ اللہ

ہر اک جھونکا ہوا کا عطر بیز و عطر آگیں ہو

جو برہم ہو تری زلف معطّر یا رسولؐ اللہ

تمہاری دعوت اسلام کے ما بعد دنیا میں
نہیں ممکن کہ ہو اعلان دیگر یا رسولؐ اللہ

تری عظمت کے آگے، تیری عز و شان کے آگے
نہ ہوں کیوں قیصر و کسریٰ نگوں سر یا رسولؐ اللہ

عطا کی ہے شب معراج حق نے تم کو وہ رفعت
فضائے لامکاں کیوں ہو نہ ششدر یا رسولؐ اللہ

کسے معلوم تھا اعلان حق اعجازِ صادقؑ ہے
تری مٹھی میں گویا ہوں گے کنکر یا رسولؐ اللہ

***

وجہِ بنائے دوسرا صلِّ علیٰ محمدؐ
نور حبیب کبریا صلِّ علیٰ محمدؐ

موجب دفع ہر بلا صلِّ علیٰ محمدؐ
داروئے درد لا دوا صلِّ علیٰ محمدؐ

معرفت خدا ملی آپ کی ذات سے ہمیں
مظہر جلوۂ خدا صلِّ علیٰ محمدؐ

بدر و احد کی وادیاں محو ثنا ہیں آج تک
رہبر جادۂ رضا صلِّ علیٰ محمدؐ

بدر و احد کی وادیاں محو ثنا ہیں آج تک
رہبر جادۂ رضا صلِّ علیٰ محمدؐ

جس کے ظہور پاک سے لرزہ میں آ گئی تمام
لات و منات کی بنا صلِّ علیٰ محمدؐ

قطع جنوں کے واسطے دل کے سکوں کے واسطے
وردِ زباں ہو برملا صلِّ علیٰ محمدؐ

اختر و مہ کا ذکر کیا، مہر بھی منفعل ہوا
دیکھ کے حسنِ مصطفیٰ صلِّ علیٰ محمدؐ

کشمکشِ حیات سے کاش نجات مل سکے
کہتی ہے جانِ مبتلا صلِّ علیٰ محمدؐ

بھٹکی ہوئی ہے کائنات ایک نگاہِ التفات
منزلِ حق کے رہنما صلِّ علیٰ محمدؐ

آپ کے لطف سے حضور آس بندھی ہوئی تو ہے
ٹوٹ نہ جائے آسرا صلِّ علیٰ محمدؐ

صادقؔ بد سرشت پر لطف و کرم کی اک نظر
قبلۂ زہد و اتقا صلِّ علیٰ محمدؐ

★★★

ہر لمحہ ان کی الفت تسکین دے رہی ہے
سرکار کی محبت تسکین دے رہی ہے

نظروں میں پھر رہی ہے فردوس کی لطافت
عشقِ نبی کی شدت تسکین دے رہی ہے

خود پاؤں اٹھ رہے ہیں یا رب سوئے مدینہ
طیبہ کی جاذبیت تسکین دے رہی ہے

مجھ ناتوانِ غم کو عقبیٰ کا خوف کیوں ہو
دونوں جہاں کی رحمت تسکین دے رہی ہے

باطل کے سرد جھونکے گھبرا رہے ہیں لیکن

ایمان کی حرارت تسکین دے رہی ہے

بدر اور احد میں جس نے بخشی تھی فتح کامل
ان حوصلوں کی عظمت تسکین دے رہی ہے

پر پیچ راستہ ہے، منزل ہے دور لیکن
صادقؔ نبی کی تُربت تسکین دے رہی ہے

***

آئی جو دل میں یاد رسولؐ انام کی
اک شمع جل اٹھی ہے ضیائے دوام کی

آنسو نکل رہے ہیں جو ہجر رسولؐ میں
ان موتیوں میں آب ہے حسنِ دوام کی

یہ چاند یہ ستارے یہ سورج یہ کائنات
سب طلعتیں ہیں ذات رسولؐ انام کی

سرشار ہیں جو رحمت عالم کے عشق سے
کیوں کر ہو آرزو انہیں کوثر کے جام کی

حسن مہ و نجوم کی سمت آنکھ کیوں اٹھے

تصویر ہے نظر میں مدینہ کی شام کی

اللہ رے آفرینش سرکار کا اثر
ہر ذرّے کی زباں پہ صدا ہے سلام کی

فرشِ زمیں سے چرخ بریں تک کیا جو غور
اب تک فضا میں گونج ہے حق کے پیام کی

بندوں میں بھی شریک ہیں واصل خدا سے بھی
کیا سمجھے عظمتیں کوئی ان کے مقام کی

کیوں خوف کھائیں موج حوادث کے زور سے
صادقؔ نظر ہے ہم پہ رسولؐ انام کی

***

نہ ہار ہمت منزل اسی مدینے میں
ملے گی قیمت درماندگی مدینے میں

جو بخشتی ہے ضیاء زندگی کی قدروں کو
ہر اک طرف ہے وہی روشنی مدینے میں

نوید ہو مرے دل کو، نظر کو مژدہ ہو
دل و نظر کی ہے آسودگی مدینے میں

ہر ایک گام پہ ملتا ہے زندگی کو شعور
خرد نواز ہے دیوانگی مدینے میں

کروں گا نذرِ نبیؐ زندگی کا سرمایہ
خوشا نصیب جو پہنچا کبھی مدینے میں

مجھے ہو کیوں تری جنت کی آرزو رضواں
جوابِ خلد ہے اک اک گلی مدینے میں

الم سے کیوں ہے پریشان، رہروِ ہستی
قدم قدم پہ ملے گی خوشی مدینے میں

بہشت و کوثر و تسنیم سے نہیں ہے غرض
کسی بھی شے کی نہیں ہے کمی مدینے میں

ہوئی تلاش جو صادقؔ جمالِ عرفان کی
ہوائے شوق مجھے لے گئی مدینے میں

***

مجھے لامکاں کی ہے جستجو نہ مجھے مکاں کی تلاش ہے
جو جواب خلد نعیم ہے اسی آستاں کی تلاش ہے

میں چلا ہوں سوئے در نبیؐ لئے دل میں عزم سبک روی
وہی انتظار میں ہیں ابھی جنہیں کارواں کی تلاش ہے

مری خلد بطحہ کی سرزمیں مرا گلستان ہے درِ نبیؐ
مجھے ان سے کچھ نہیں واسطہ جنہیں گلستاں کی تلاش ہے

وہی بادہ جس سے جنوں مٹے، وہی بادہ جس سے سکوں ملے
ہر اک انجمن میں مجھے اسی مئے ارغواں کی تلاش ہے

مری مغفرت کا وسیلہ ہے وہ نگاہ لطف شہِ الم

سرِ حشر اس کا یہ پوچھنا، مجھے ناتواں کی تلاش ہے

شہِ دیں کی سیرت پاک کا، ہے یہ رُخ بھی کتنا سکون فزا
کہیں جستجو ہے یتیم کی، کہیں ناتواں کی تلاش ہے

کوئی بحر عشق میں نا خدا نہیں اپنا صادقؔ بے نوا
جو بھنور سے پار اتار دے اسی مہرباں کی تلاش ہے
***

(ذوقافیتین)

قریب آ رہا ہے دیارِ مدینہ
زہے ذوق بے اختیارِ مدینہ

دو عالم میں پھیلی ہوئی ہے تجلی
ضیا در ضیا ہے غبارِ مدینہ

ہوئی اجلی اجلی فضا آسماں کی
فلک پر جو پہنچا غبارِ مدینہ

دکھاتا ہے بھٹکے مسافر کو رستہ
بڑا رہنما ہے غبارِ مدینہ

بہ ظاہر ہے اک خاک لیکن بہ باطن
زرِ کیمیا ہے غبارِ مدینہ

سمٹ آئیں رعنائیاں دو جہاں کی
نہ ہو گا جوابِ غبار مدینہ

جگر کا مداوا مرے دل کا مرہم
نگاہوں کی ٹھنڈک غبار مدینہ

ملے دولتِ دو جہاں بھی تو کر دوں
فدائے محمدؐ نثارِ مدینہ

گلوں کا تبسم بہاروں کی نزہت
چمن کا چمن ہے نثارِ مدینہ

دل و دیدہ تو خیر اپنی جگہ ہیں
مری روح تک ہے نثارِ مدینہ

کرم کی نظر صادقؔ خستہ دل پر
ہے یہ بھی تو اک جاں نثارِ مدینہ

***

میری طلب کا مقصدِ تنہا رسولؐ ہیں
آنکھوں کا چین دل کی تمنّا رسولؐ ہیں

تخلیق کائنات کا منشا رسولؐ ہیں
دونوں جہاں کے والی و آقا رسولؐ ہیں

جس کی ہر اک ادا پہ فدا ذات کبریا
کونین میں وہ حسنِ سراپا رسولؐ ہیں

صف بستہ انبیاء ہیں، فرشتے ہیں با ادب
کس شان سے وہ انجمنِ آرا رسولؐ ہیں

درماں کی جستجو میں ہے کیوں سر گراں حیات

بیمار زندگی کا مداوا رسولؐ ہیں

اسریٰ کی رات اصل میں ہے جشن مصطفیٰ
ہر اک طرف ہے دھوم کہ دُولہا رسولؐ ہیں

والّیل ان کی زلف ہے والشّمس روئے پاک
کونین میں جواب خود اپنا رسولؐ ہیں

صادقؔ کہو یہ بھٹکی ہوئی کائنات سے
انسانیت کے مظہر اولیٰ رسولؐ ہیں

***

تجلی دوجہاں کا مظہر رسولِ عرش آستاں ملا ہے
مبارک اے تیرہ زندگانی، زمین کو آسماں ملا ہے

کہانی امن و سلامتی کی ورق ورق ہو گئی مکمل
جواب جس کا نہیں جہاں میں وہ صاحبِ داستاں ملا ہے

تمام رحمت تمام راحت، وہ سر سے پا تک تمام نعمت
گزشتہ اقوام میں کسی کو پیمبر ایسا کہاں ملا ہے

جو ہیں محمدؐ کے جان لیوا انہیں ہو کیوں خوف گردشوں کا
ہمیشہ طیبہ کی سرزمیں سے پیام امن و اماں ملا ہے

پنپ سکے غربت و یتیمی جہاں میں اب ہے یہ غیر ممکن

غریب کا ہم زباں ملا ہے یتیم کا مہرباں ملا ہے

غلط روش پر نہ چل سکے گا مسافرِ راہِ زندگانی
جو منزلوں کا پتہ بتائے وہ صاحب کارواں ملا ہے

جھکے نہ کیوں سر درِ نبیؐ پر بصد محبت بصد عقیدت
ہمیں ہمالہ کی چوٹیوں سے بلند تر آسماں ملا ہے

رسولؐ کی یاد سے مسلسل مہک رہا ہے مشامِ صادقؔ
خزاں رسیدہ جہاں میں ہم کو بہار زا گلستاں ملا ہے
***

پیو اے تشنہ کا مو چل کے پیمانے محمدؐ کے
مئے وحدت سے ہیں لبریز خُم خانے محمدؐ کے

اثر ایسا کیا حسنِ سراپا نے محمدؐ کے
جدھر دیکھو نظر آتے ہیں دیوانے محمدؐ کے

حقیقت کرمک شب تاب و انجم کی نہیں کچھ بھی
کیا حیراں قمر کو روئے زیبا نے محمدؐ کے

اندھیروں کے پرستارو اجالوں کی طرف آؤ
دکھائیں گے تمہیں ہم آئینہ خانے محمدؐ کے

جمال مصطفیٰؐ کی جستجو کا شوق کیا کہنا

قدم چومے ہیں گلزار تمنا نے محمدؐ کے

بدل جاتی ہیں قدریں زیست کی جن کے اشاروں پر
ہیں ایسی منزل ہستی میں دیوانے محمدؐ کے

ابھی کھوئی ہوئی ہے کائنات اپنے اندھیروں میں
ابھی رتبے کہاں سمجھے ہیں دنیا نے محمدؐ کے

تکلم سنگریزوں کا، کبھی شق القمر صادقؔ
کرشمے دیکھے ہیں چشم تماشا نے محمدؐ کے

***

وقت کی چارہ گری ہم نہ کسی دم مانگیں
زخمِ عصیاں کے لیے دین کا مرہم مانگیں

روح اک طائرِ لاہوت ہے محبوسِ حسد
اس پرندے کے لیے ورثۂ آدم مانگیں

زندگانی کی کڑی دھوپ میں گھبرانا کیا
دامنِ رحمتِ سرکارِ دو عالمؐ مانگیں

فتح کرنا ہے اگر ظلم و تشدد کا حصار
شاہِ کونینؐ کے اخلاق کا پرچم مانگیں

دونوں عالم کے لیے ذات ہے جس کی رحمت
عیش دنیا کے عوض اسؐ کا ہی بس غم مانگیں

گریۂ شوق سے ہوتی ہے تلافیِ گناہ
آؤ اللہ سے ہم دیدۂ پرنم مانگیں

حشر کے روز شفاعت کے لیے ہم صادقؔ
داورِ حشر سے قربِ شہ اکرمؐ مانگیں
★★★

جو کوچۂ حبیب کا شیدا دکھائی دے
وہ بے نیاز نعمتِ دنیا دکھائی دے

سردار انبیاء کا سراپا دکھائی دے
ہر سمت ایک نور کا ہالا دکھائی دے

ہو اسوۂ رسولؐ کی پابند اگر حیات
تاریکیوں میں اب بھی اجالا دکھائی دے

یوں سر کے بل چلا ہوں سر کوئے مصطفیؐ
اک روز ان کا نقشِ کف پا دکھائی دے

توحید کا پیام تو لے کر بڑھے کوئی

ہر گام پر خلوص کا جلوہ دکھائی دے

محبوبِ حق، شفیعِ امم، جانِ عاشقاں
دیدار ہو نصیب تو کیا کیا دکھائی دے

جو سرزمین طیبہ پہ رکھے کوئی قدم
اک جنت نعیم کا نقشا دکھائی دے

صحرائے زندگی کے ہر اک تازہ موڑ پر
ان کے سوا نہ کوئی سہارا دکھائی دے

صادقؔ شفیع روز جزا کے غلام ہیں
کیوں ہم کو پل صراط کا دھڑکا دکھائی دے
***

چلنا بنا کے سر کو قدم، یہ اصول ہے
اے راہ رو ادب کہ دیارِ رسولؐ ہے

سورج کہ چاند پرتو حسنِ قبول ہے
یہ کہکشاں تو آپ کے قدموں کی دھول ہے

بے سایہ ہے وہ نور مجسم خدا گواہ
کچھ اور اگر کہیں تو عقیدت کی بھول ہے

تخلیق کائنات کا باعث ہے ان کی ذات
موجود جو بھی ہے وہ رہینِ رسولؐ ہے

اسلام کیا ہے، باغ شریعت کا اک نہال

ایمان کیا ہے گلشن وحدت کا پھول ہے

مخلوق کے قریب بھی خالق کے بھی قریب
واللہ کیا بلند مقام رسولؐ ہے

ہے روح وجد میں، ذہن و دل درود خواں
نظروں کے سامنے جو مزار رسولؐ ہے

ظاہر ہوں جس سے قریب قیامت کے واقعات
شاید یہی وہ دور ظلوم و جہول ہے

صادقؔ کہ لوگ کہتے ہیں جس کو گناہ گار
طاعت گزار حق ہے غلام رسولؐ ہے

***

نہ کیوں ہو دونوں جہاں کی کشش مدینے میں
وہ ہے درِ شہِ اعلیٰ منش مدینے میں

جہاں کے ذروں نے چومے تھے پائے شاہ امم
وہ رہ گذار بھی ہے پر کشش مدینے میں

ستارے کاہکشاں چاند وقت کا سورج
جھکے ہوئے ہیں پئے کورنش مدینے میں

حضور آپ کی موجودگی ہے جلوہ فشاں
ضیاء نواز ہے اک اک روش مدینے میں

ادب ادب کہ قدم بے ادب نہ اٹھ جائیں

ہر ایک ذرّہ ہے اک سر زنش مدینے میں

حیات حاصل حسنِ حیات بن جائے
اگر حیات کی ہو پرورش مدینے میں

چلیں سمیٹ کے لے آئیں دولت کونین
کھلا خزینۂ داد و دہش مدینے میں

حضورِ شاہ اممؐ ہو نہ کوئی بے ادبی
نفس نفس ہے مرا مرتعش مدینے میں

نگاہ لطف محمدؐ میں کیا طراوت ہے
خنک ہوئی مرے غم کی تپش مدینے میں

خدا نے جس کو بنایا ہے شہرِ امن و خلوص

کبھی نہ ہو گی کوئی چپقلش مدینے میں

ستا رہے تھے جدائی کے خار اے صادقؔ
سکون پا گئی دل کی خلش مدینے میں
***

جبرئیل امیں آ کر خود کرتے ہیں دربانی
سرکار دو عالمؐ کا دربار ہے نورانی

محبوب و محب میں تو قوسین کی دوری تھی
جب عرش پہ خالق نے کی آپ کی مہمانی

جس نور نے عالم کی ظلمت کو مٹایا تھا
اب تک ہے خلاؤں میں اس نور کی تابانی

نظروں کے قریں جس دم طیبہ کا دیار آیا
ہر سمت نظر آئی جلووں کی فراوانی

جب نام محمدؐ کا آتا ہے مرے لب پر

خود ذوق عقیدت سے جھک جاتی ہے پیشانی

ہم خوف قیامت سے کیوں کر ہوں سراسیمہ
سرکار کے صدقے میں حاصل ہے تن آسانی

مدت سے تمنا ہے اک روز تو اے صادقؔ
آ جائے نظر مجھ کو وہ پیکر نورانی
***

مالک دنیا و دیں ہیں رحمۃ اللعالمینؐ
ہر مسلمان کا یقیں ہیں رحمۃ اللعالمینؐ

اکتسابِ نور جس سے کرتے ہیں ماہ و نجوم
ایسے وہ مہرِ مبیں ہیں رحمۃ اللعالمینؐ

سامنے جس کے نگوں سر ہیں سلاطین جہاں
تاجدار عالمیں ہیں رحمۃ اللعالمینؐ

جس سے پائی روشنی غار حرا کی خاک نے
مشعلِ نور آفریں ہیں رحمۃ اللعالمینؐ

نقش ہو کیوں کر نہ ہر دل پر ولائے مصطفیٰؐ
خاتم حق کے نگیں ہیں رحمۃ اللعالمینؐ

ہے سراپا قدرت خالق کا شہ کار جمیل
ماورائے ماؤ طیں ہیں رحمۃ اللعالمینؐ

حضرت عیسیٰؑ رہے چرخ چہارم پر مگر
عرش کے مسند نشیں ہیں رحمۃ اللعالمینؐ

اپنے تو اپنے مگر بیگانوں کو تھا اعتراف
صادق الوعد و امیں ہیں رحمۃ اللعالمینؐ

ہم خطا کاروں پہ فرماتے ہیں چشم التفات
وہ شفیع مذنبیں ہیں رحمۃ اللعالمینؐ

مستحق ہیں کون لطف بے نہایت کے حضور
ہاں ہمیں ہیں، ہاں ہمیں ہیں، رحمۃ اللعالمینؐ

خوف ہو صادقؔ مجھے کیوں کر فشارِ حشر کا
جب مددگار و معیں ہیں رحمۃ للعالمینﷺ

***

جب استوار ہوا ہے خیال حُبِّ رسولؐ
سما گیا مرے دل میں جمال حُبِّ رسولؐ

نگاہ و دل صفتِ آئینہ چمکتے ہیں
یسر آیا ہے جب سے جمالِ حُبِّ رسولؐ

مرے حضور نگوں سر ہے کج کلاہی بھی
خوشا نصیب یہ اوجِ کمالِ حُبِّ رسولؐ

یہ تند تند حوادث، یہ زخم زخم حیات
کچھ اندمال ہو اے اتصال حُبِّ رسولؐ

بروز حشر وہی مغفرت کا ضامن ہے

جبیں پہ ہو عرقِ الفغالِ حُبِّ رسولؐ

فرشتے با ادب ایستادہ، حوریں صرفِ طواف
پس فنا یہ ملا ہے مالِ حُبِّ رسولؐ

مدینے پہنچوں نہ پہنچوں، کبھی مگر صادقؔ
رواں رہے رگ و پے میں خیال حُبِّ رسولؐ
★★★

نوحۂ فرات

(سلام)

رباعیات

مظلوم جفا صابر و لب تشنہ حسین
اسلام کو تو نے ہی کیا زندہ حسین
جب قتل ہوئے دشتِ بلا میں صادقؔ
ہر ذرہ پکارا کہ ہیں پایندہ حسین

سوکھے ہوئے ہونٹوں پہ تبسم رقصاں
بھیگی ہوئی پلکوں میں جمال عرفاں
آفت میں مصائب میں ہے شبّیر حزیں

سر تا بہ قدم ایک مکمل انساں
***

انسان کے رتبے کو بڑھایا جس نے
ہر کوہ گراں سر پہ اٹھایا جس نے
انسانیت و حق کے تحفظ کے لیے
سر دے دیا اور سر نہ جھکایا جس نے
***

بے آسرا امت کا سہارا شبیر
اللہ کے محبوب کا پیارا شبیر
گزری ہیں کئی صدیاں مگر اے صادقؔ
اب تک ہے ہر اک آنکھ کا تارا شبیر
***

مجرئی وار جب کیا قاسم چیرہ دست نے
رکھ دئے تیر اور سناں لشکر کس پرست نے

چشم زدن میں خیمہ سے دشت میں پہنچا ذوالجناح
ایک چھلاوہ دے دیا اشہب شہ کی جست نے

جنگ پہ مستعد ہوئے بانیِ شر تو دشت میں
قلزم خوں بہا دیا تیغۂ صف گسست نے

سینکڑوں کلفتوں پہ بھی دیکھا جو صبر شاہ دیں
بڑھ کے قدم پکڑ لئے شام کے بندوبست نے

سرور دیں کے واسطے تم بھی کٹاؤ اپنا سر

بیٹوں سے اپنے یوں کہا زینت حال خست نے

عازم جنگ جب ہوئے شاہ تو رزم گاہ میں
اپنے قدم ہٹا لئے جلد ہی بس شکست نے

کیا کہوں صادقؔ حزیں پہنچا جو خلد کے قریں
مست مجھے بنا دیا ساقیِ چشم مست نے

***

دھنی تلوار کے یعنی وہ دشتِ کربلا والے
بہتر تھے، مگر لاکھوں پہ بھاری تھے خدا والے

جو پہنچے کربلا میں مجرئ صبر و رضا والے
بہت تھوڑے تھے لیکن چھا گئے سب پر خدا والے

تہلکہ مچ گیا جس وقت پہنچے کربلا والے
طلب گار شہادت اہل دیں صبر و رضا والے

کوئی دیکھے تو شانِ شاہ دیں کوفے کے میداں میں
قدم بوسی کی خاطر آئے ہیں ارض و سما والے

سبق سیکھیں حسین ابن علی سے جاں نثاری کا

خدا کے نام لیوا یعنی تسلیم و رضا والے

میں ہوں مداحِ شہ، درسِ عمل سب کو سکھاتا ہوں
مری آواز کو سن لیں ذرا بزم عزا والے

یقیناً دید کے قابل وہ منظر ہو گا اے صادقؔ
جب آئیں گے سر محشر وہ زہد و اتقا والے
***

نطق حاصل مجھے مدح شہ ابرار میں ہے
دل میں جو بات تھی اب طاقتِ گفتار میں ہے

کیسا جوہر شہ دیں آپ کی تلوار میں ہے
دیدنی ہے وہ نظارہ جو ہر ایک وار میں ہے

رعب عباسؑ یہ کہنا تھا کہ دیکھیں تو سہی
کس قدر تاب و تواں لشکر جرار میں ہے

وار کرتے تھے جو عباسؑ تو کہتے تھے انہیں
کیا ید اللہ یہاں عرصۂ پیکار میں ہے

جس پر اک وار پڑا پھر نہ ہوا وہ جاں بر

کاٹ کس قسم کی اس تیغ شرر بار میں ہے

شاہ تنہا ہیں ہزاروں کے مقابل میں مگر
کس قدر صبر و سکون عرصۂ پیکار میں ہے

پا پیادہ حرم پاک سوئے شام چلیں
کیسی تنظیم الٰہی تری سرکار میں ہے

آن بیٹھیں تو قیامت کا سماں دکھلا دیں
منظر حشر نہاں دیدۂ خونبار میں ہے

کر دے اس بات کا اعلان کوئی اے صادقؔ
خوشہ چیں کے لیے سب کچھ مرے گلزار میں ہے

***

سلامی دیکھنا بطحہ کے ان امینوں کو
لٹا رہے ہیں یہ الطاف کے خزینوں کو

یہ دیکھو امت مرحوم کے امینوں کو
وہ پار اتار رہے ہیں میرے سفینوں کو

کیا ہے مالک کوثر پہ بند آبِ فرات
یہ کیسی سوجھی ہے گرمی میں ان لعینوں کو

کبھی نہ ہوں گے عدو فتح مند سرور سے
چڑھا رہے ہیں وہ کیوں اپنی آستینوں کو

کہیں نہ ساقیِ کوثر سے شرم آئے انہیں

یہ دھیان ہے عرق آلودہ مہ جبینوں کو

مجھی کو فخر ہے ایجاد کا زمانے میں
تراشتا ہوں ہمیشہ نئی زمینوں کو

ہمیشہ پُر ہیں غم اہل بیت سے صادقؔ
ملی ہے نعمت کونین اپنے سینوں کو

***

دکھاتے تھے شہ دیں تیغ کے جوہر جو دشمن کو
یہ غل ہوتا تھا دے دو راستے شمشیر افگن کو

نہیں معلوم کیا سوجھی ہے ظالم شِمر رہزن کو
کہ آنکھوں دیکھتے کرتا ہے ویراں شہ کے گلشن کو

جو رونا ہے غمِ شہ میں، تو گھر میں بیٹھ کر رو لے
کبھی ممنوع ٹھہراتا نہیں میں سوز و شیون کو

درِ شبیر کی مٹی کو ہے اکسیر کا رتبہ
زباں کھل جائے تھوڑی سی کھلا دیجئے جو الکن کو

کوئی پھرتا نہیں ناکام ہر گز شاہ کے در سے
دُرِ مقصد سے لے جاتا ہے بھر کر اپنے دامن کو

مرے دل میں جو یادِ پنجتن کی شمع سوزاں ہے
وہ روشن کر ہی دے گی صادقؔ اپنے کنجِ مدفن کو

★★★

زمین کربلا کا ذرہ ذرہ صرف ماتم ہے
سلامی شہ کے غم میں چرغ کی بھی آنکھ پرنم ہے

خیال گیسوئے شبیر میں یہ دل کا عالم ہے
پریشاں ہو رہا ہے، کائناتِ ضبط برہم ہے

یہ تصویریں ہیں دو عون و محمدؑ حسنِ قدرت کی
اگر یہ ماہِ تاباں ہے تو وہ خورشید اعظم ہے

اگر اسلام کی توسیع ہے مد نظر تم کو
مقابل سے لعینوں کو ہٹا دینا مقدم ہے

جگادو نعرۂ تکبیر سے غفلت شعاروں کو

علم بردار بن جاؤ تمہیں کس بات کا غم ہے

سحر تک آسماں روتا ہے غم میں ابن حیدر کے
یہ آنسو ہیں فلک کے جس کو سب کہتے ہیں شبنم ہے

ہزاروں کے مقابل میں یہ چھوٹی سی جماعت کا
ہر اک بچہ تہمتن، ہر جوان و پیر رستم ہے

ابھی اس رمز سے نا آشنا ہے لشکر کوفہ
نبی کا لاڈلا ہے، جتنی بھی عزت کریں کم ہے

کہا شہ نے کہ دشمن کے مقابل میں مرا قاسم
شجاعت میں زیادہ ہے اگر چہ عمر میں کم ہے

بڑی مشکل ہے صادقؔ روز یہ احباب کہتے ہیں

کوئی تازہ سلام اپنا سنا دیجے، محرّم ہے

***

مجرئ سبط رسول ذو المنن ایسا تو ہو
بت شکن ایسا تو ہو بت خانہ کن ایسا تو ہو

رعبِ قاسم کہہ رہا تھا صف شکن ایسا تو ہو
نوجواں ایسا تو ہو شمشیر زن ایسا تو ہو

بے طلب ملتا ہے ہر مدّاح کو جام طہور
ساقیِ کوثر سرِ نہرِ لبن ایسا تو ہو

ذرہ ذرہ کہہ رہا ہے دیکھ کر اکبر کا حسن
موت بھی صدقے ہو جس پر بانکپن ایسا تو ہو

لٹ چکا ہے سارا کنبہ، پھر بھی شہ کو غم نہیں

ہو اگر صابر تو اے چرخِ کہن ایسا تو ہو

جو منور کر دے اپنی ضو سے ظلمت قبر کی
کربلائے پاک کا اجلا کفن ایسا تو ہو

یاد ہیں اب تک مجھے ان کی جواہر پاشیاں
بے وطن ہو کر بھی ہمدردِ وطن ایسا تو ہو

اللہ اللہ شہ کے رخسار مبارک کی ضیا
بدر کامل ہو اگر، تو بے گہن ایسا تو ہو

چوٹی کے مضمون صادقؔ آپ لکھا کیجیے
حاسدوں کا دل تڑپ جائے سخن ایسا تو ہو

***

مجھے مدح شاہ نے وہ دیا جو کبھی کسی نے دیا نہ تھا
درِ اہلِ بیت سے وہ ملا جو کہیں سے مجھ کو ملا نہ تھا

وہ شجاع ہیں، وہ دلیر ہیں، وہ فلک فگن ہیں، وہ شیر ہیں
کبھی رن میں ان کی طرح کوئی نہ لڑے گا اور لڑا نہ تھا

رہِ عشق طے ہوئی صبر سے، نہ کھلی زباں کبھی جبر پر
سہے ظلم شاہ نے سینکڑوں مگر ان کے لب پہ گلِا نہ تھا

ہوئیں جس کی تیر سے دعوتیں، ملیں جس کو خلد میں عزتیں
کبھی شاخ گلشن دہر پر کوئی پھول ایسا کھلا نہ تھا

جو اٹھی غضب میں وہ تیغِ شہ تو لعیں کے ہو گئے ہوش گم

کوئی تیر جوڑ کے رہ گیا کوئی تیر جوڑ سکا نہ تھا

مجھے بادشاہ سعید سے وہ عطا ہوئی ہیں تسلّیاں
مرے دل نے غم وہ اٹھا لیا کہ جو آسماں سے اٹھا نہ تھا

پس مرگ شاہ کے ہاتھ سے وہ ایاغِ صاف ملا مجھے
کبھی زیست میں جو ملا نہ تھا، کبھی دہر میں جو پیا نہ تھا

سرِ بزم صادقؔ خوش بیاں ترے دم سے تھیں وہ تجلیاں
کوئی تجھ سا نغمہ نوا نہ تھا کوئی تجھ سا مدح سرا نہ تھا

***

گریہ کناں ہے خلقت اک شور الاماں ہے
کربل کو جانے والا یثرب کا کارواں ہے

ذکر خدا ہے جاری سوکھی ہوئی زباں ہے
حالانکہ تین دن سے پیاسا یہ کارواں ہے

شبّیر کے لہو کی اک بوند تک گراں ہے
ادنیٰ سی جس کی قیمت کون و مکاں کی جاں ہے

سجاد کیا کھڑے ہیں میداں میں شامِ غربت
اک چاند آسماں پر اک زیر آسماں ہے

آنسو نکل نکل کر چمکا رہے ہیں رخ کو

تاروں کی انجمن میں اک چاند ضو فشاں ہے

شبیر تشنہ لب ہے حکم خدا سے ورنہ
دنیا یہ جانتی ہے خود بحر بے کراں ہے

صادقؑ امام دیں کو گھیرے کھڑے ہیں کوفی
اک مہر نور افشاں ظلمت کے درمیاں ہے

***

زباں وقفِ غم سجاد بسمل ہوتی جاتی ہے
جو اب ہر بات تفسیرِ سلاسل ہوتی جاتی ہے

جہاں تک کذب سے جنگ آزما ہے صدق میداں میں
دلیلِ حق شناسی نقش باطل ہوتی جاتی ہے

کسے ہے تاب جو شہ کے مقابل آئے لڑنے کو
ہر اک تدبیر مشکل سے بھی مشکل ہوتی جاتی ہے

تلاشِ روزۂ شبیر ہے تسکین کا باعث
مری منزل رہینِ ذوقِ کامل ہوتی جاتی ہے

میسّر ہے سکونِ دل مجھے جذب محبت سے
بہت نزدیکِ مقصد میری منزل ہوتی جاتی ہے

نکلتے ہی چلے آئے ہیں چست اشعار اتنے ہی
زمینِ شعر صادقؔ جتنی مشکل ہوتی جاتی ہے

***

فزوں تر جتنی شمع حق کی تابش ہوتی جاتی ہے
چراغِ محفلِ باطل کو لرزش ہوتی جاتی ہے

شہ کونین کی مجھ پر نوازش ہوتی جاتی ہے
خدا کا شکر تکمیل ستائش ہوتی جاتی ہے

جہاں تک پائے استقلال محکم ہوتا جاتا ہے
عدو کے جذبۂ باطل کو جنبش ہوتی جاتی ہے

عدو کا خون پی کر بھی علیؓ کی تیغ ہے پیاسی
بہ ہر صورت زیادہ اس کی خواہش ہوتی جاتی ہے

ہوا جاتا ہے مستحکم قناعت کا ہر اک رشتہ

جہاں تک دشمنوں کی شہ پہ یورش ہوتی جاتی ہے

مقابل میں تو لڑنے کے لیے آتا نہیں کوئی
مگر پوشیدہ ہی پوشیدہ سازش ہوتی جاتی ہے

شہ کونینؑ سے جنگ آزمائی کی ہے تیاری
مگر ہر گام پر دشمن کو لغزش ہوتی جاتی ہے

سحر ہی سے شب عاشورہ کے آثار ظاہر ہیں
مری آنکھوں میں کیوں اشکوں کو گردش ہوتی جاتی ہے

یہ دنیا اصل میں ایک کارگاہ فن ہے اے صادقؔ
یہاں ہر اہل فن کی آزمائش ہوتی جاتی ہے
★★★

بے حس ہے کیوں حسین کا ذوق وفا تو دیکھ
اے ننگِ زیست معرکۂ کربلا تو دیکھ

راہِ خدا میں سجدۂ قبلہ نما تو دیکھ
تیغِ جفا کے سامنے شہ کی وفا تو دیکھ

خود کعبہ جھک رہا ہے شہ دیں کے سامنے
اے اہل کعبہ، سجدۂ قبلہ نما تو دیکھ

برسا رہی ہے خامشیِ شاہ رحمتیں
مانندِ حر فضیلتِ ابر سخا تو دیکھ

اے بد عقیدہ ذاکر بد کیش و بد سرشت

ٹکرا رہی ہے عرش سے جو وہ دعا تو دیکھ

ہے ناتواں مگر ہے اسے یادِ شہ عزیز
میرے دل نحیف کا یہ ولولا تو دیکھ

میری دعا ہے بابِ اجابت پہ مستجاب
اے ننگِ اعتبار اثر التجا تو دیکھ

تقصیر وارِ غم پہ تصدق ہیں رحمتیں
میدانِ حشر میں یہ وقار خطا تو دیکھ

صادقؔ مآل کار کی کر فکر پیشتر
ہر ابتدا میں صورتِ ہر انتہا تو دیکھ
***

شبیرؑ کے غم میں آنکھوں سے اک اشک کا دریا بہتا ہے
ہیں خون کی موجیں دامن تک یہ بحر الم کیا بہتا ہے

جب صورتِ خار کھٹکتی ہے ہر سانس خلش بن جاتی ہے
دل پھوٹ کے روتا ہے پیہم اور زخم تمنا بہتا ہے

ہے ذکر غم سلطانِ الم دنیا کے لیے باران کرم
گردوں سے زمیں کی وسعت تک اک نور کا دریا بہتا ہے

الطاف شہنشاہ دیں کے کیا دیکھ سکے گا کوئی بشر
اک قلزمِ لا محدود ہے جو تا حدِّ نظارہ بہتا ہے

بہر غمِ شہؑ رفتہ رفتہ ہوتا ہے مرا سینہ خالی

آنکھوں سے مری خوں ہو ہو کر دل قطرہ قطرہ بہتا ہے

ہمدردی ہے جن کی فطرت میں ہمدردی وہ کرتے ہیں اکثر
ناسورِ جگر بھی رِستا ہے جب دل کا چھالا بہتا ہے

شبیر کے غم میں اے صادقؔ آنکھوں کی نہیں ہے کوئی خطا
آنسو نہیں بہتے ہیں میرے خونِ دل شیدا بہتا ہے
★★★

زلف میں ہے رخ شہ عکس فگن دریا میں
دن کو آتا ہے نظر چاند گہن دریا میں

خوں میں تر تیغ شہ دیں کا گماں ہوتا ہے
تھرتھراتی ہے جو سورج کی کرن دربا میں

پسرِ حضرت مسلمؓ کے بدن کو حارث
پھینک کر چل دیا بے گور و کفن دریا میں

اشک خون جو غم شہ میں لب ساحل نکلے
نظر آنے لگے تصویر چمن دریا میں

لہریں سر پیٹ رہی ہیں لب ساحل آ کر

موج زن ہے جو غمِ شاہِ زمنؓ دریا میں

یوں پڑے ہیں تن بے سر پسرِ مسلمؓ کے
دو کنول جیسے کہ ہوں جلوہ فگن دریا میں

یہ ہے خون شہ مظلوم کی ادنیٰ تاثیر
دشت میں سوز ہے پیدا، تو جلن دریا میں

دیکھتا کیا ہے یہ نو شاہ کی تلوار کے ہاتھ
ڈوب مر جا کے تو اے ماہر فن دریا میں

میں ہوں دریا گرِ اشک، آنکھ صدف ہے صادقؔ
مخفی رہتا ہے ہر اک دُرِّ عدن دریا میں
***

مجرائی کیا کہوں میں محبت حسینؓ کی
ہر لحظہ دل پہ نقش ہے صورت حسینؓ کی

کیوں کربلا کی خاک کو سمجھیں نہ ہم عزیز
مدفون ہے وہاں تو امانت حسینؓ کی

اکبر کی شان دیکھ کے کہتے تھے اشقیا
یہ شکل مصطفیٰ ہے کہ صورت حسینؓ کی

حُر کس لیے امامؑ کی جانب نہ لوٹتے
جنت کی ذمہ داری تھی بیعت حسینؓ کی

نرغہ یزیدیوں نے کیا ہے تو غم نہیں
ہے اپنے بھی لہو میں حرارت حسینؓ کی

دل خون خون ہے تو جگر ہے لہو لہو
یاد آ گئی ہے مجھ کو شہادت حسینؓ کی

اے اضطراب غم ہمیں لے چل حضور شاہ
برداشت ہم سے ہو گی نہ فرقت حسینؓ کی

صادقؔ ہیں کائنات میں دو چیز بے مثال
قوت علیؓ کی اور صداقت حسینؓ کی

***

مجرائی مصیبت سرور کی جس وقت مجھے یاد آتی ہے
بھر آتے ہیں آنکھوں میں آنسو اور دل کی تپش بڑھ جاتی ہے

مجبور ہیں تشنہ لب ہیں مگر، جاری ہے یہ فیض عام ان کا
سجاد کے چھالوں کی چھاگل کانٹوں کی پیاس بجھاتی ہے

پروان چڑھا ہو جو بچہ غم اور مصیبت سہہ سہہ کر
تلوار کے سائے میں اس کو آرام سے نیند آ جاتی ہے

بے سود الم کا درماں ہے یہ تو ہے نوشتہ قسمت کا
تدبیر کی دیوانی فطرت تقدیر سے کیوں ٹکراتی ہے

ہم شکلِ بنی کے تیور بھی خیبر کے دھنی کے تیور میں

ہر وار پہ خیمے سے پیہم تحسین کی آواز آتی ہے

کیا جنگ کرے گی قاسم سے کیا آ کے لڑے گی اکبر سے
مرعوب ہے فوجِ شام اتنی پاس آتے ہوئے گھبراتی ہے

کیا ذکر ہے چشم دشمن کا، بے نور ہے وہ تاریک ہے وہ
شمشیر علیؑ کی تیزی سے بجلی کی چمک شرماتی ہے

اس در سے تعلق ہے ہم کو اس در کے بھکاری ہم سب ہیں
تمکینِ جہاں بانی بھی جہاں سر اپنا جھکانے آتی ہے

جس وقت غم سرور صادقؑ کرتا ہوں بیاں میں رو رو کر
گردوں سے مرے سر پر آ کر رحمت کی گھٹا چھا جاتی ہے
***

مجرائی میرے لب پر جب شہ کا نام آیا
عرش بریں سے مجھ پر حق کا سلام آیا

حُر فوج اشقیا سے سوئے امام آیا
شہ کے حضور آخر شہ کا غلام آیا

اس شاہِ ذی حشم کے تھے جاں نثار جتنے
میدان کربلا میں ایک ایک کام آیا

حالانکہ مختصر تھا حق کا گروہ لیکن
اس کے مقابلے میں ہر اہل شام آیا

میدان کربلا میں اس نے اماں نہ پائی

تیغِ علی کی زد پر جو بد لگام آیا

کچھ بن پڑا نہ اس سے پیش امام تنہا
حالاں کہ شمر ان میں با صد نظام آیا

یہ فیضِ مدح، سرور صادقؔ نہیں تو کیا ہے
میرے لیے جناں سے کوثر کا جام آیا
***

یہ دل ہے داغ شاہ شہیداں لیے ہوئے
ذرہ ہے ایک مہر درخشاں لیے ہوئے

آئے ہیں دشتِ شام میں عباس نامدار
ساتھ اپنے ایک شمع فروزاں لیے ہوئے

اصغر کی شان دیکھ کے کہتا تھا ہر بشر
غنچہ ہے تازگیِ گلستاں لیے ہوئے

اکبر کے رخ سے کرتی ہے زلف اکتسابِ نور
کالی گھٹا ہے مصحفِ قرآن لیے ہوئے

ایماں فروش اہلِ شقاوت کے سامنے

آئے ہیں شاہ دولتِ ایمان لیے ہوئے

بے وجہ آسمان نہیں سرخ وقت شام
رنگ شفق ہے خونِ شہیداں لیے ہوتے

قاسم کے وار سے نہ بچا ایک بھی شریر
آیا تھا شمر جتنے پہلواں لیے ہوئے

سجاد کے جمال سے روشن ہیں بام دور
ہے ایک چاند شام کا زنداں لیے ہوئے

پہنچے گا شہ کے سامنے صادقؔ بروز حشر
اپنی بغل میں دفتر عصیاں لیے ہوئے

***

مرے دل سے ابھر کر جب زباں پر شہ کا نام آیا
مری بے تابیوں کو اذن تسکین دوام آیا

وغا میں جھومتا یوں وہ سمند تیز گام آیا
ہوا کے دوش پر جیسے کہ ابر خوش خرام آیا

ازل کے دن غمِ دارین پایا اہل عالم نے
مگر میرے مقدر میں غم شاہِ امام آیا

تصور غرق تھا پُر آبِ چشم شاہ میں لیکن
سمندر کی تہوں میں ڈوب کر بھی تشنہ کام آیا

خدا کا شکر حاصل ہو گیا مجھ کو غم سرور
مری ناکامیوں کو کامیابی کا پیام آیا

کرشمہ ہے یہ سلطانِ شہیداں کی محبت کا
جو غم آیا مرے دل میں وہ عشرت انتظام آیا

قدم کے بدلے سر کے بل یہاں چلنا ضروری ہے
ادب اے راہ رو عین و سعادت کا مقام آیا

نبی زادوں پہ اتنی سختیاں اور وہ بھی غربت میں
نہ جانے شمر کے سر میں یہ کیوں سودائے خام آیا

مرے بخت سکندر پر تعجب تھا زمانے کو
مرے ترسے ہوئے ہونٹوں پہ جب کوثر کا جام آیا

نہ تھی آسان منزل مدحت سبط پیمبر کی
بہ مشکل طائر افکار صادق زیر دام آیا

***

سلامی مطمئن دل ہے غم شبیر و شبّر سے
ملی ہے کیا متاع زندگی اپنے مقدر سے

ملی ہے جنت کونین جن کو حبّ حیدر سے
بدل دے یا خدا قسمت مری ان کے مقدر سے

زمیں خاموش تھی چپ آسماں تھا اور میداں میں
سلوک ناروا ہوتا رہا سبط پیمبر سے

الٰہی مرے منہ میں خاک لیکن اتنا تو کہہ دے
کہ زخمِ تیر اٹھ سکتا بھی تھا معصوم اصغر سے

تمنا جس کی حوروں کو، ملک جس کے تمنائی

ستم ہے اس کو چھینا جائے یوں آغوش مادر سے

غمِ شبیر میں آنکھوں نے وہ دریا بہائے ہیں
گناہوں کی سیاہی دھل گئی ہے دامن تر سے

رضائے حق میں تشنہ لب لٹانی تھی حیات اپنی
اگر وہ چاہتے کوثر ابلتا ایک ٹھوکر سے

نچوڑا ہے ستاروں کا لہو صبح درخشاں نے
مرے رخ پر تبسم ہے غمِ آلِ پیمبر سے

جلال مصطفیٰ کا تجربہ ہوتا اسے صادقؔ
کوئی آنکھیں ملا لیتا جو ہم شکل پیمبر سے

***

سلامی دل میں بر پا ہے جو غم شاہ شہیداں کا
یہی اک آسرا ہے بخششِ جرم فراواں کا

چمن کی پتی پتی کو ہے غم شاہ شہیداں کا
سحر سے پہلے منہ اترا ہوا ہے شبنمستاں کا

شہ دیں کے سوا کب دیکھ سکتا تھا کوئی انساں
نظر کے سامنے برباد ہو جانا گلستاں کا

علی اصغر کا لاشہ دیکھ کر شہ نے یہ فرمایا
خزاں کی نذر ہے پروردہ آغوش بہاراں کا

یزید اتنے ستم اچھے نہیں معصوم اسیروں پر

کہیں پایہ نہ مل جائے تری تعمیر زنداں کا

کہاں تقدیر نے چھوڑا ہے لا کر شاہ کو تنہا
جہاں کے پھول میں بھی رنگ ہے خار مغیلاں کا

ہمارے خون میں بھی ہے حرارت خون سرور کی
بدل سکتے ہیں رخ بپھری ہوئی ہر موج طوفاں کا

حکومت اور طاقت سے کہیں دیتی ہے سچائی
ہمارے سامنے ہے سانحہ کربل کے میداں کا

غم شبیرؑ ہے وجہ سکون زندگی صادقؔ
یہ سرمایہ ملا ہے ہم کو مدح شاہِ ذی شاں کا

***

جب کبھی مسلماں پر کوئی وقت آیا ہے
یادِ کربلا تو نے حوصلہ بڑھایا ہے

شاہ کا کلیجہ تھا، شاہ کی یہ ہمت تھی
جس نے راہ یزداں میں ہنس کے زخم کھا یا ہے

پل صراط ہستی ہے جادۂ رضا لیکن
مسکرا کے سرور نے ہر قدم بڑھایا ہے

صبر کا چلن سیکھو، جبر سے نہ گھبراؤ
یہ ہی شاہ صابر نے راستہ دکھایا ہے

اے وفا کی تلوارو۔ بے نیام ہو جاؤ

سر کٹوں نے سر اپنا آج پھر اٹھایا ہے

جس کی آمد سے ظلمت جفا چونکی
نیّرِ وفا بن کر رن میں جگمگایا ہے

سر کے بل چلو صادقؔ ہو گئی رسا قسمت
کربلا کے والی نے کربلا بلایا ہے
★★★

تسلیم و رضا کی منزل میں ایسا کوئی سجدا ہو جائے
جو موجب عفو جرم بنے عقبیٰ کا سہارا ہو جائے

اس سرور تشنہ لب کے سوا اے چرخ ستمگر تو ہی بتا
ایسا ہے جہاں میں کون جسے ہر ظلم گوارا ہو جائے

اے گردش دوراں تو نے بھی دیکھا ہے کبھی یہ نظارہ
جو پیاس بجھائے خلقت کی اس طرح وہ پیاسا ہو جاتے

ہر سانس میں پنہاں ہے یہ صدا ہر دم یہ تقاضا ہے دل کا
اے کاش غم شبیر حزیں ہستی کی تمنا ہو جاتے

یاد آتا ہے جب وہ منظر غم دل کٹتا ہے، آنکھیں روتی ہیں

پانی ہو قریں لیکن پانی اک آگ کا دریا ہو جائے

تا حشر نہ ہم بھولیں گے اسے عاشورہ کا دن بھی وہ دن ہے
سورج بھی نہ ڈوبے اور اس دن دنیا میں اندھیرا ہو جائے

ہر چیز مٹا دے حق کے لیے جب تک نہ مثالِ ابن علی
آسان نہیں یوں ہر انسان اللہ کا پیارا ہو جائے

ہے رشک کے قابل اہل زمیں مقصودِ حیات سرور دیں
سر اپنا کٹے پروا بھی نہیں، امت کا سر اونچا ہو جائے

صادقؔ جو نگاہِ سرورِ دیں اٹھ جائے کرم سے میری طرف
دوزخ میں نمایاں ہو جنت، ظلمت میں اجالا ہو جائے

***

جس دل میں درد شاہ کی لب تشنگی کا ہے
کوثر اسی کا، ساقیِ کوثر اسی کا ہے

ہر سانس پر ہو ذکر خدا ذکر پنجتن
گزرے جو اس طرح تو مزہ زندگی کا ہے

راز حیات شہ نے بتایا ہے یہ ہمیں
جو راہ حق میں قتل ہو جینا اسی کا ہے

دیکھ اے نگاہ شوق یہ اکبر نہ ہوں کہیں
نقشہ تو ہو بہو اسی شکل نبی کا ہے

لب خشک، آنکھ نم، رخِ پُر نور مضمحل
عالم یہی تو شاہ کی تشنہ لبی کا ہے

جنت کی آرزو ہے نہ فردوس کی طلب
میری نظر کے سامنے روضہ کسی کا ہے

صادقؔ پہ بھی نگاہ کرم ہو امام دیں
ادنیٰ سا اک گدا یہ تمہاری گلی کا ہے

***

مرتضیٰ کی جان ہے اور مصطفیٰ کا دل حسین
راہِ اِلا اللہ کی ہے آخری منزل حسین

بحر عصیاں میں کبھی وہ ڈگمگا سکتی نہیں
جب کہ دینِ حق کی کشتی کا بنے ساحل حسین

کفر و ایمان کے تفاوت کو سمجھنے کے لیے
درمیانِ حق و باطل ہے خط فاصل حسین

تربیت جس کو ملی ختم رسل کے ہاتھ سے
کیوں نہ ہو دنیا و دیں کا جوہر قابل حسین

ابتدائے آفرینش سے جمال راہ حق

انتہائے آخرت تک جلوۂ کامل حسین

سید الکونینؐ اگر ہے منتہائے معرفت
ابتدائے معرفت کا نقطۂ حاصل حسین

شرم کرنی چاہیۓ تھی تجھ کو اے نہرِ فرات
دور رہ کر بھی رہا آسودۂ ساحل حسین

دونوں عالم کی میسر ہیں اسے آسانیاں
جس کا یہ ایمان ہو، ہے حلِّ ہر مشکل حسین

کیوں ازل سے تا ابد صادقؔ نہ ہوں لمعاتِ حق
حال و ماضی کی تجلی، شمع مستقبل حسین

***

نذر بزرگان

(منقبات)

منقبت محبوب سبحانیؒ

ادھر بھی اک نظر بھر خدا محبوب سبحانی
بہت مضطر ہے جانِ مبتلا محبوب سبحانی

اگر ہوئے تم اپنے ناخدا محبوب سبحانی
سفینہ کیوں ہمارا ڈوبتا محبوب سبحانی

عقیدت مند جوش بندگی میں سر جھکا دیتے
اگر ہوتا تمہیں سجدہ روا محبوب سبحانی

تمہاری ذات نے وہ راز کھولے ہیں طریقت کے

زمانہ دیکھتا ہی رہ گیا محبوب سبحانی

گرا سکتا نہیں اس کو کوئی معراج الفت سے
جسے تم نے سہارا دے دیا محبوب سبحانی

تمہارا نام لے کر جب قدم آگے بڑھاؤں گا
حوادث کیا کریں گے سامنا محبوب سبحانی

محبت جھوم اٹھتی ہے تمنا رقص کرتی ہے
جب آتا ہے تصور آپ کا محبوب سبحانی

حجاب درمیاں سے مشق نظارہ کروں کب تک
یہ پردہ بھی اٹھا دیجے ذرا محبوب سبحانی

بڑھا ہوں سوئے منزل میں پیام زندگی لے کر

مدد کا ہے یہی تو وقت یا محبوب سبحانی

★★★

منقبت خواجہ معین الدین چشتیؒ

تصدق تم پہ میری جاں کہ جانِ زندگی تم ہو
جگر بندِ رسول اللہ، اولادِ علی تم ہو

تمہارے آستانے سے کوئی مایوس کیوں جائے
کہ اے خواجہؒ حقیقت میں سخی تم ہو، غنی تم ہو

تمہارے ذکر سے تسکین ہوتی ہے مرے دل کو
سبب یہ ہے کہ اطمینانِ جانِ عاشقی تم ہو

تمہاری ذات سے ہندوستاں پر نور ہے خواجہؒ

ضیائے نورِ یزداں، جلوۂ نورِ نبی تم ہو

میں کب سے کہہ رہا ہوں سامنے روضے کے رو رو کر
جگا دو میری قسمت کو کہ قسمت کے دھنی تم ہو

حکومت مقتدر تم سے، قیادت مفتخر تم سے
وقارِ سلطنت، تاجِ سرِ شاہنشہی تم ہو

تمہارے در کو خواجہ چھوڑ کر جائے کہاں صادقؔ
تم اس کے درد کے درماں ہو، وجہِ زندگی تم ہو

***

منقبت خواجہ غریب نوازؒ

عطا ہو بہر خدا تو کبھی غریب نوازؒ
دل و نگاہ کو آسودگی غریب نوازؒ

تھکا دیا ہے مجھے حادثات دوراں نے
مٹائیں آپ مری خستگی غریب نوازؒ

ضرور ہے کوئی خامی میری محبت میں
وفا کو مل نہ سکی آگہی غریب نوازؒ

نگاہ بڑھ نہ سکی سرحد تعین سے
الجھ کے رہ گئی حسرت مری غریب نوازؒ

سنوار دیجئے صادقؔ کے بخت خفتہ کو

بصد خلوص یہ ہے ملتجی غریب نواز

★★★

منقبت حضرت شاہ عالمؒ

جمال مصطفیٰ تنویر ذات کبریائی ہے
جمال شاہیہ عکس جمال مصطفائی ہے

شریعت ہو، طریقت ہو، حقیقت، معرفت کچھ ہو
یہاں چاروں ستون دین کی جلوہ نمائی ہے

گدائی آپ کے در کی یسر ہو گئی جس کو
خدا اس کا رسولؐ اس کے ہیں اور اس کی خدائی ہے

مشامِ جاں معطر کیوں نہ ہو روضے کی قربت سے
اسی دروازہ سے خوشبوئے جنت پاس آئی ہے

تمنا جھوم اٹھتی ہے مرادیں وجد کرتی ہیں
محبت شاہ کی جب سے مرے دل میں سمائی ہے

جو آیا زیر گنبد مل گئی شاہنشہی اس کو
یہ گنبد در حقیقت صورت ظل ہُمائی ہے

اندھیرا ہی اندھیرا تھا مرے اقدار ہستی میں
نگاہ منقبت سے آج قسمت جگمگائی ہے

بڑی مدت سے پژ مردہ تھا گلشن آرزوؤں کا
مرادوں کی کلی اس در پر آ کر مسکرائی ہے

عقیدت مند کھنچ کھنچ کر پئے دیدار آتے ہیں
جمال شاہ عالم میں غضب کی دل ربائی ہے

فقط گجرات کیا ہے ناصعہ سابزم عالم بھی
حقیقت میں یہی در موجب مشکل کشائی ہے

علوئے مرتبت کا کوئی حصہ کاش مل جائے
یہاں صادقؔ نے آ کر اپنی قسمت آزمائی ہے

***

ٹائپنگ : مخدوم محی الدین
پروف ریڈنگ، ای بک کی تشکیل : اعجاز عبید